LE
CABINET
DE
LAMPSAQUE,
OU

Choix d'Épigrammes érotiques des plus célèbres Poëtes François.

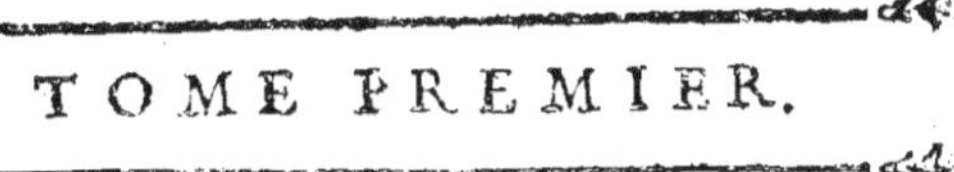

TOME PREMIER.

A PAPHOS.

1784.

PRÉFACE.

LEcteur, deux mots seulement &
paſſe outre. Ce n'eſt point pour t'exagérer
l'importance de ce Recueil : je veux bien
déroger pour cette fois, & ſans tirer à con-
ſéquence à l'uſage où ſont mes Confreres de
ſurfaire leurs collections. Ce petit Manuel
Epigrammatique , eſt fait avec aſſez de
goût & de ſoin , pour être juſqu'ici l'unique
en ſon genre. Mais des lectures multipliées
t'en feront mieux ſentir le prix que tout ce
que j'ajouterois. Tu remarqueras ſans doute
de reſte, que Rouſſeau , Ferrand , Gre-
court , & Piron en ont fait preſque tous
les frais , & qu'il y a d'aſſez bonnes pieces
qui voyent le jour pour la premiere fois. Il
ſuffit de te faire obſerver que dans le choix

de ces Epigrammes , on s'est attaché à une
versification uniforme qui est le genre de
Marot , & qu'elles contiennent toutes un
Conte , à l'exception d'une seule qu'on peut
accuser d'être Dogmatique , mais qui n'est
pas la moins singuliere.

LE CABINET
DE LAMPSAQUE.

I.

QUAND Prométhée eut les humains formés,
Je veux, dit-il, vous rendre aux Dieux pareils :
Par quoi ferez tels que Priape, armés
De braquemars entre les deux orteils.
Si les forgea tous beaux & bien vermeils,
Les uns petits, & les autres plus grands,
Selon la taille & les corps différens.
Mais sur le point que chaque carabine
S'alloit poser sur son vrai parapet,
Survint Bacchus, dont la liqueur mutine
De Prométhée échauffa le toupet,
Dont à la fin, le bon fils de Japet
Tout de travers acheva sa besogne,
Et de-là vint, dont c'est grande vergogne,
Qu'aux corps humains, tant soient-ils apparens,
Harnois d'amour furent mal assortis :
Ayant donné les plus petits aux grands,
Et les plus grands à nous autres petits.

A

I I.

Certain Abbé se manualisoit
Tous les matins, songeant à sa voisine.
Son Confesseur l'interrogeant, disoit :
Vertu de froc, c'est donc beauté divine ?
Ah ! dit l'Abbé, plus gente Cherubine
Ne se vit onc : c'est miracle d'amour ;
Blancheur de lis, cuisses faites au tour,
Tetins, Dieu sait, & croupe de Chanoine,
Toujours j'y pense, & même encore ici
Je fais le cas. Eh ! pardieu, dit le Moine,
Je le crois bien, car je le fais aussi.

I I I.

Aux pieds d'un Moine à barbe vénérable
Un jouvenceau contoit ses passe-temps ;
Le jour, bon vin, grand'chere, longue table ;
La nuit tendron, ou veuve de vingt ans.
Le Révérend, levant de temps en temps
Les yeux au Ciel, disoit : Vierge Marie !
Quel chien de train ! Quelle chienne de vie !
Las ! j'en conviens ; je ne suis en ce lieu
Pour contester, reprit le bon Apôtre.
Hé ! ce n'est pas la tienne, de pardieu,
Dit le Frater, je parle de la nôtre.

I V.

Deux Bernardins de diverses Provinces
De leurs Couvens faisoient description :
Chez nous, dit l'un, Moines vivent en Princes,
Chaire & cuisine ont à discrétion :
Item Nonains, avec permission
De s'en servir quatre fois la journée.
Quatre ! Parbleu, c'est pitance bornée.
Dit l'autre Moine : on nous le permet huit,
Cinq le matin, & trois l'apres-dinée ;
Et davantage encor toute la nuit.

V.

D'un Monaſtere à Vénus conſacré,
L'Abbeſſe étoit prête de rendre l'ame :
Un vieux Dragon, de débauche altéré,
Vint en ce lieu pour rafraîchir ſa flamme.
Las ! je me meurs, lui dit la bonne Dame,
Je ne ſaurois. Parbleu, dit le Soudart,
Voilà de l'or ; envoyez quelque part ;
Mais aviſez pourtant que la Donzelle
Ne m'aille ici laiſſer de mauvais fruits.
Ha ! croyez-vous que je veuille, dit-elle,
Tromper quelqu'un en l'état où je ſuis ?

VI.

Une Nonain par un Moine requife
Du jeu d'amour, lui dit : Pere Cordon,
Si me faut-il d'abord, pour la furprife,
Par la chatiere aulner votre bourdon :
Venez ce foir à l'heure du Pardon.
L'autre n'étant fûr de fon allumelle,
Le foir venu, fait a la jouvencelle,
Au lieu de lui, ôter fon Compagnon.
Nenni, nenni, je m'y connois, dit elle,
C'eft, de pardica, celui de frere Oignon.

VII.

CERTAINS Huffarts ufant du droit de guerre,
Chez un Meûnier entrerent fans pitié ;
Puis à fes yeux , levant leur cimeterre ,
Mirent à mal fa dolente moitié.
Pourtant la forte , en figne d'amitié
Du croupion remuoit la charniere ;
Dont le mari lui dit : Ha ! boucaniere !
Je fuis cocu , tu prends plaifir au cas.
Helas ! mon fils , repartit la Meûniere ,
C'eft pour fortir plus vite d'embarras.

V I I I.

Un Cavalier de Landau revenu
Tres-mal en point, chopinoit chez un Carme,
En chopinant vit sur son bras charnu
Toile de lin dont la beauté le charme.
Par la morbieu, s'écria le Gendarme,
Onc Tisserand ne sut avec tel art
Filer chemise. Ami, dit le Frappart,
Trouflant sa robe, il n'est que d'être habile,
Vois-tu bien-là Messire Jean Chouart ?
C'est la quenouille avec quoi je les file.

I X.

UN Compagnon disoit sa ratelée
A certain Carme ; & s'accusoit à Dieu,
D'avoir donné trente fois l'accolée
A son amie, en même jour & lieu.
Le Moine dit : trente fois, verrudieu !
Oui, dit le Gars, par la vertu secrette
D'une racine. Ami, dit le Billette,
A tout pécheur Dieu fait rémission ;
Or baille-moi ta joyeuse recette,
Et te promets mon absolution.

C.

X.

Un Médecin s'accusoit d'avoir fait
De sa Vénus un petit Ganymede.
Le Confesseur lui dit : ah ! bouc infect,
Tison d'enfer, quel Démon te possede ?
Pourquoi, trouvant un innocent remede
Contre la chair, te damner pour si peu ?
L'autre répond, qu'il a lu que ce jeu
Rend l'œil plus clair, les visieres plus nettes.
Hé ! gros butord, reprit le Moine en feu,
S'il étoit vrai, porterois-je lunettes ?

X I.

UNE fillette accorte & bien apprise
En pleine rue un jour se laissa cheoir ;
Grand vent souffloit, dont sa blanche chemise
De voltiger fit tres bien son devoir,
Si que chacun sans lunettes put voir
A découvert sa gentille chapelle.
Lors un Béat, pour cacher à la belle
Ce que savez, mit son chapeau dessus.
Chapeaux à moi ! Tirez, tirez, dit-elle,
C'est bien assez d'une main tout au plus,

XII.

Diantre soit fait , disoit un passager ,
Et de la ville & des Dames de Rome.
Chez la Donzelle , on poivre l'Etranger :
Chez la Matrone , un Mari vous assomme.
Et chez qui diable ira donc un pauvre homme ?
Chez les Gitons ? Ami , vous dites bien ,
Reprit d'abord un Prêtre Italien ,
Et n'aurions tous rien de meilleur à faire ,
Si ce n'étoit la Bulle d'Adrien ,
Qui par malheur ordonne le contraire.

X I I I.

Un jeune Peintre étant dans une Eglise
A contempler certains Tableaux connus
Dit : je voudrois, pour plus de mignardise,
Féminiser un peu ces Anges nus.
Lors une vieille achevant ses Agnus,
Lui répliqua : Tais-toi, Jean de Nivelle;
Vois-tu pas bien que si mince alumelle
Jamais ne peut nous faire succomber;
Mais les joyaux, vertuchou, de femelle
Plus sont petits, plus vous font regimber.

L

X I V.

CERTAIN Chanoine à la taille légere
Se confeſſoit d'avoir fait bricoler
Une Nonain. Paſſons , lui dit le Pere ,
C'eſt du Seigneur la vigne travailler.
Plus une Veuve. Allons , c'eſt confoler
Les affligés. Oui , mais , dit le Chanoine,
Ce n'eſt le tout. Comment ? Par S. Antoine,
Pourſuivit il , j'ai fourbi contre un mur ....
Qui ? votre Sœur. Ma Sœur , reprit le Moine,
Et moi ta mere. Adieu, *Remitturur*.

X V.

UN Précepteur logé chez un Génois,
Tant procéda, que de fil en aiguille
Il exploita la Niece du Bourgeois,
Et le Disciple, & la Mere, & la Fille.
Le cas fit bruit : & le chef de famille,
Homme prudent, tira mon drôle à part.
Çà, çà, dit-il, venez, Messire Oudart,
Sur notre peau consommer vos ouvrages ;
C'est bien raison que j'en tire ma part,
Puisque c'est moi qui vous donne des gages.

XVI.

En plein Chapitre un Moine à son retour
Compte rendoit des frais de son voyage;
Tant pour le coche, & tant pour le louage;
Tant pour le vin, & tout pour autre usage,
Puis quand se vint aux frais du culerage,
Le Papelard mit vingt livres tournois.
Lors le Prieur lui dit: par Saint François,
C'est trop payé. Trop payé, dit le drôle!
Je l'ai tout fait, morbleu, que chaque fois
N'a coûté pas au Couvent une obole.

XVII.

CERTAIN Miniſtre inſtruiſant la jeuneſſe
D'une Nonain qui venoit d'abjurer ;
Approchez-moi le vaſe de lieſſe ,
Dit il, nature eſt prête d'opérer.
Venez, Sara, venez ſans différer ,
Faire un Elu dans la Loi Proteſtante,
Pour me prouver votre converſion.
Las ! non pas un , dit-elle , mais cinquante,
Lors le Miniſtre : O fille de Sion !
S'écria-t-il, que la grace eſt puiſſante !

XVIII.

A deux genoux une gente pucelle
Se confessoit aux pieds d'un Cordelier,
Et lui montroit, par-dessous sa dentelle,
L'échantillon d'un tetin régulier.
Lors de la chair le Démon familier
Se fit sentir. Par quoi l'homme d'Eglise
Lui mit ès mains son joyeux éguillon.
Oh ! qu'est ceci ? dit la fille surprise.
Prenez, prenez, reprit le pénaillon,
C'est le cordon de Saint François d'Assise.

XIX.

Un Castillan zélé pour les Laïs,
En leur faveur chantoit comme un Orphée,
Un Florentin, pour l'honneur du pays,
Aux seuls Gitons élevoit un trophée ;
Mais vous voyant en Cavalier coiffée,
Chacun changea de goût & de discours.
L'Italien jura que pour toujours
Il quitteroit sa premiere pratique ;
Et l'Espagnol promit tout au rebours
De n'exercer que l'amour Socratique.

X X.

Un Bernardin exploitoit Sœur Colette
Mal à son aise, au travers du parloir.
Ah ! quel travail, lui disoit la Nonette !
Bien mieux au lit ferions un tel devoir.
Ma chere Sœur, reprit le Moine noir,
Un tel penser vient de l'Esprit immonde :
Dieu ne nous fit pour nos aises avoir
En ce bas lieu, comme les gens du monde.

X X I.

UNE Novice accufoit un Curé
A fon Prélat, d'avoir cueilli fa rofe:
Avez-vous là, lui dit l'homme facré,
Quelque témoin qui contre lui dépofe?
Las! Monfeigneur, la cellule étoit clofe;
Et ne voulus crier, tant j'avois peur
De réveiller Madame qui repofe
Toutes les nuits avec le Promoteur.

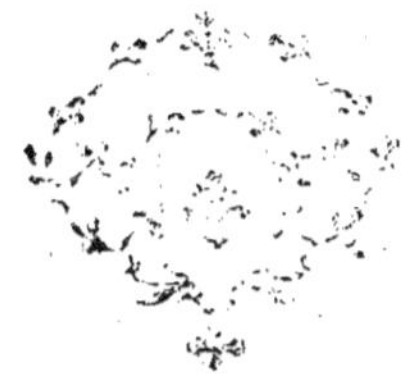

XXII.

En un marché paſſoient avec maint Sbire
Deux Florentins que pour crime on brûla ;
Crime galant, tel que l'aurez pu lire
Du beau * Catule & de Caligula.
Peuple aſſemblé, diſoit l'un, me voilà ;
Je ſuis l'agent, que tu ne t'y méprennes,
Hé ! dit le Prêtre, ami, laiſſons cela,
Ne ſongez plus aux vanités humaines.

* Poëte Latin.

XXIII.

Un maître Moine exploitoit une Sœur
Pendant la nuit, comme on difoit Matine:
Mere Chriftine, en s'en allant au Chœur,
Les apperçut avec Sœur Clémentine,
Dont celle-ci faifant la diablotine,
Voulut crier, & fonner le tocfin.
Laiffez, laiffez, lui dit Mere Chriftine,
Ne troublons point le fervice divin.

XXIV.

Un Verd-galant se confessoit naguere
D'avoir réduit mainte fille aux abois.
Et de garçons, dit le Moine? Ah! mon Pere!
Je ne suis homme à semblables exploits.
Tant mieux, mon fils : poursuis, si tu me crois,
Dit le Pater, je te loue & pour cause ;
Car si ce mal t'arrivoit une fois,
Plus ne voudrois jamais faire autre chose.

X X V.

Le Pénitent d'un disciple d'Elie
Lui racontoit qu'en un lieu débauché,
Il avoit pris de fille assez jolie,
Le fruit cuisant de l'amoureux péché.
Le Carme dit : je n'en suis trop fâché.
Aux Indévots sied bien un tel salaire
Vous ne seriez de venin entiché
Si comme nous portiez le Scapulaire.

X X V I.

Un Quiétiste, ardent comme un tison,
Mettant un soir son rossignol en cage,
Le corps en rut, l'esprit en oraison,
Très-saintement dépêchoit son ouvrage;
Et redoublant maint dévot culetage,
L'esprit au Ciel sans relâche attaché :
Dieu soit..., Dieu soit..., dit le S. Personnage,
Dieu soit loué, je l'ai fait sans péché.

XXVI

XXVII.

UN vieux paillard, qu'à Rome on accusoit
De pratiquer l'amour antiphysique,
Vit à Paris un Prêtre qu'on cuisoit
Pour même cas dans la place publique.
Hélas, dit-il, le pauvre Catholique !
Que n'est-il né Romain ou Ferrarois ?
Pour un écu la taxe Apostolique
L'auroit absous du moins quatre ou cinq fois.

XXVIII.

Frère Conrad, Hermite plein de feu,
Trouvant au lit une Dame discrette,
Lui fit tourner l'anagramme de luc,
Et de droit fil s'ouvrit la voie ettroite,
Que faites-vous, s'écria la Jervette?
Ce n'est pas là, c'est plus haut vous dit-on,
Laissez, laissez, dit l'humble Anachorette,
Ceci pour moi n'est encor que trop bon.

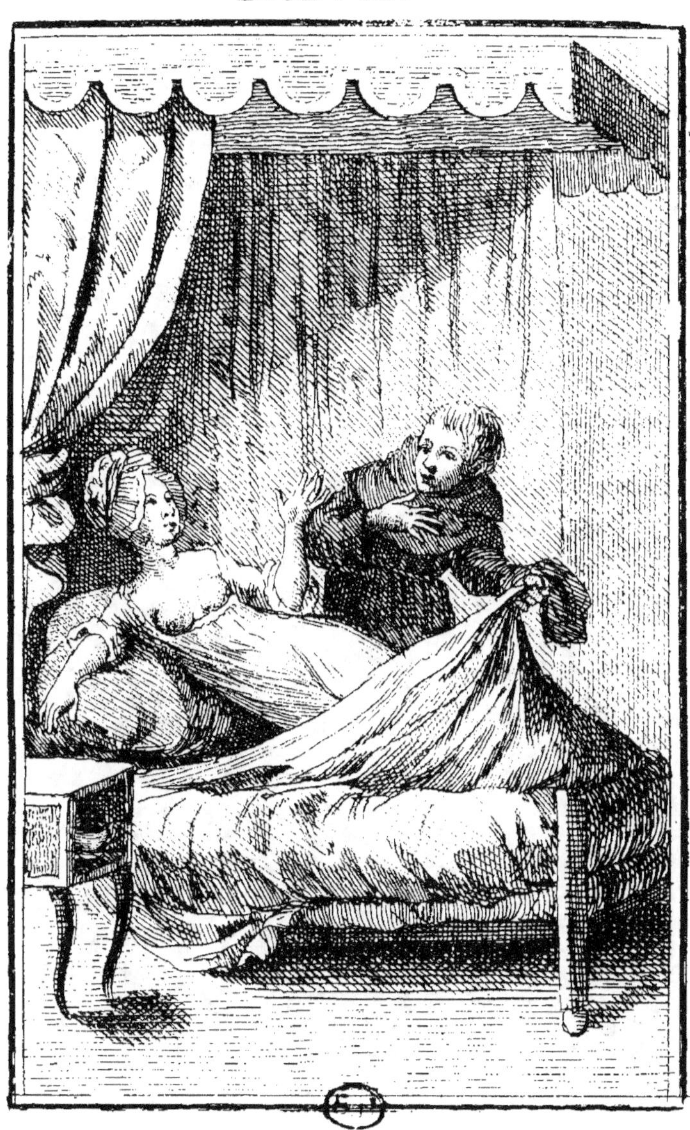

XXIX.

Un gros Prieur, de luxure écumant,
Sur un châlit piquoit sa haridelle,
Et s'echauffoit, jurant & blasphémant
Comme un Payen : tant qu'enfin la donzelle,
Pour Dieu, mon fils, ne jurez plus dit elle,
Vous vous damnez. Cornes de Belzebut,
Dit le Frater, vous me la baillez belle,
Suis-je en ce lieu pour faire mon salut?

XXX.

UN Moine ayant (c'étoit un Sous-Prieur)
D'une Nonain vérifié le sexe,
Las d'encenser le Temple antérieur,
Voulut auffi visiter son Annexe.
O vanité ! dit la Nonne perplexe,
Qu'en son état l'homme se connoît mal !
Que vers le bien sa route est circonflexe !
Un Sous-Prieur trancher du Cardinal !

XXXI.

Qui fait l'enfant dans l'amoureux ébat ?
Disoit Agnès à sa Dame prudente,
Est-ce celui qui sous l'autre s'abat ?
Ou bien l'agent qui dessus instrumente ?
La Dame alors lui dit : pauvre innocente,
L'enfant se fait par ceux qui sont dessous,
Dieu soit béni, repliqua la suivante,
J'en ai fait un à Monsieur votre Epoux.

XXXII.

Un Cordelier prêchoit sur l'adultere,
Et s'échauffoit le Moine en son harnois,
A démontrer, par maint bon Commentaire,
Que ce péché blesse toutes les loix ;
Oui, mes enfans, dit-il, haussant la voix,
J'aimerois mieux, pour le bien de mon ame,
Avoir à faire à dix filles par mois,
Que de coucher en dix ans une femme.

XXXIII.

Sept fois par jour au moins le juste peche,
Disoit en chaire un fils de Loyola.
Sept fois ? reprit une vieille Pimbeche ;
Il est encor bien de ces juftes-là.

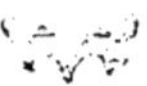

XXXII. XXXIII.

XXXIV.

Sur leurs santés un Bourgeois & sa femme
Interrogeoient l'Opérateur Barri,
Lequel leur dit : pour vous guérir, Madame,
Femme plus sûr n'est que votre mari ;
Puis se tournant vers l'Epoux amaigri :
Pour vous, dit-il, femme vous est mortelle.
Las ! dit alors l'Epoux à la Femelle,
Puisqu'autrement ne pouvons nous guérir,
Que faire donc ? Je n'en fais rien, dit-elle ;
Mais, par Saint Jean, je ne veux pas mourir.

XXXV.

D'un jeune Gars de frayeur tout penrois,
Frere Remi confessoit le péché.
Frere, dit-il, j'ai forniqué six fois.
Six fois! oh, oh! quel garçon débauché!
Ensuite ayant son tarif épluché,
Pour un Rosaire absous il le quitta.
Vint un second qui de neuf se vanta :
Sa taxe fut d'un Rosaire & demi :
Mais le dernier troubla frere Remi ;
Car il avoit onze fois fait le cas.
Onze ? parbleu, mon compte n'y vient
Ce nombre n'est dans mes capitulaires.
Lors le Pater calculant par ses doigts,
Morbleu, dit-il, voilà bien des mysteres !
Allez le faire encore une autre fois,
Et pour le tout vous direz deux Rosaires,

XXXVI.

Deux Capucins beaux débrideurs de Nones,
A frais communs desservoient un Couvent,
Et dirigeoient douze fringantes Nones :
C'en étoit six pour chaque desservant.
L'un trépassa dans ces rudes épreuves :
Moi j'ai bon dos, dit l'autre survivant ;
Morbleu, je veux épouser les six veuves.

XXXVII.

UN Cordelier frais, gaillard & dispos,
Après dîner, attendant le Service,
Entretenoit trois autres de propos,
Et leur contoit qu'une jeune Novice
L'avoit prié de fourbir son devant ;
Puis il leur dit, son discours pou suivant,
Freres tres-chers, qu'eussiez-vous voulu faire ?
Les deux ont dit, qu'ils eussent pris la haire,
Et que soudain eussent quitté le lieu :
Mais le dernier dit qu'il l'auroit f......
Lors le Frater : c'est bien dit, vertubleu,
Elle le fut, ou la peste me tue.

XXXVIII.

Pour consoler femelle le vingt-un,
Tu ... maints ... Père Antoine ;
Hors de son lit d'abord le bon le moine,
Et dit après le ribaud fur dedans,
Frere Lubin, avec des yeux ardens,
Voyoit le tour de loin par la fenêtre ?
Mon Dieu, dit-il alors entre fes dents,
N'eût-ce point le bonheur d'être prêtre ?

XXXIX.

Deux jeunes Gas, en amour gens d'élite,
Gageoient un jour à qui mieux la feroit :
L'un le fit onze, & tout bas murmuroit ;
Mais l'autre en fit quatorze tout de suite,
Et dans l'instant se saisit de l'enjeu.
Le malheureux a certaine Donzelle
Conta le cas. Sainte Vierge, dit-elle,
Eft-il permis de perdre à si beau jeu ?

XL.

Un Guillaumet matinoit à confeffe,
Un faiseur de l'Art du Titien.
Quoi! vous peignez, difoit l'homme de bien,
D'après le nud bras, teton, cuiffe, feffe,
Le tout à choix? Il n'eft nul, voire un Saint,
Dont en ce cas la chair ne fût rebelle.
J'ai, dit le Peintre, un remede certain:
J'exploite avant, quatre fois mon modele.

XLI.

Un Cordelier, un Ellier, un Gendarme,
N'avoient qu'Alix pour unique soulier,
On tire au sort ; le sort échut au Carme,
Puis au Frappart, & puis au Cavalier :
Gentil Soudart, lui dit le Cordelier,
Ja de long-temps tu n'auras ton aubaine :
Le Carme & moi ferons la douzaine,
C'est la gageure : Or n'en fais point mela ;
En attendant allons l'œuvre Romaine,
Et pour cela ne perds tu le gui.

XLII.

Un vieil Abbé, peu curieux de Meſſe,
Pendant la nuit de Noël, exploitoit
Fille de bien ; mais mal s'y préſentoit,
Dont tous les deux avoient grande détreſſe.
De ce, dit-il, ne t'étonne, m'amour :
Dieu ne permet qu'on peche en ſi ſaint jour.
Avint pourtant qu'à la fin il engaine ;
Lors elle dit : Dieu n'y ſonge-t-il plus ?
Si, dit l'Abbé ; mais ce n'eſt pas ſans peine
Qu'enfin le Diable a repris le deſſus.

LXIV.

Avec scandale un Peintre en son taudis
Entretenoit gentille Chérubine ;
Vous, pour le sûr, & votre concubine,
Dit Frere Luc, de Dieu serez maudits ;
Epousez-vous, les Anges ébaudis
Fête en feront sur le celeste écrire.
Epousons donc, puisqu'il faut, dit le peintre,
Etre Cocu pour gagner Paradis.

X L V.

Un Capucin faisoit l'œuvre de chair,
Et s'ébattoit en fessoyant sa mie ;
Son Compagnon lui dit : Frere très-cher,
Pourtant faut-il aller chanter Complie ;
Lors le Frater dit, parbleu, je m'oublie :
Sus, haut le cul, dépêchons-nous, Gogo ;
Je reviendrai, si Dieu me prête vie,
Dès que j'aurai chanté Tantum ergo.

XLV

XLVI.

Quoi ! faire cas d'un plaisir qui ne dure ?
Ah ! renoncez à celui de Nature,
Disoit un jour un Dévot très-outré.
Le Gars auquel fut ainsi remontré,
Lui répliqua : vous savez mal conclure ;
Bon pour celui qui pourroit se lasser,
Et s'abattroit d'une seule aventure ;
Mais mon plaisir est de recommencer.

XLVII.

[illegible — eight lines of faded verse]

XLVIII.

Dans un chemin un pays traversant,
Pierrot tenoit la Jeannette accolée :
Sur ce, de loin, avisant un passant,
Il fut d'avis de quitter la mêlée.
Pourquoi fais-tu, dit la garce affolée,
Trève du cul ? Paix, dit-il, laisse-moi,
Je vois quelqu'un : c'est le chemin du Roi,
Ma foi, Pierrot, peu de cas tu débauches,
Il n'est pas fait plutôt, comme je crois,
Pour un piéton que pour ni qui chevauche.

XLIX.

Un Pénitent fe confeffoit de faire
Certui péché qu'on fait de-là les Monts.
Ho , le méchant, lui difoit le bon Pere !
Crains-tu fi peu l'enfer & les Démons ?
Pere , dit-il , tant beaux foient vos fermons,
Romain je fuis , nous n'avons d'autre joie.
Mais , dit le Pere , ami , prends l'autre voie,
Et mets au moins les chofes en leur lieu.
Il le promit : le Pere le renvoie,
Et crut avoir acquis une ame à Dieu.

L.

Un Florentin voulant, d'après nature,
Peindre à plaisir un saint Sébastien,
Prit un blondin de gentille figure,
Le mit tout nud, & le lia tres-bien;
Mais ce faisant un feu vénérien
Saisit le Peintre. Il pousse, il le fait braire
Le Saint cria. Chut, dit l'Italien,
Ce n'est encor que la premiere couche.

L I.

Un Peintre étoit, qui jaloux de sa femme,
Allant aux champs lui peignit un baudet
Sur le nombril, en guise de cachet.
Un sien confrere, amoureux de la Dame,
La va trouver, & l'âne efface net,
Dieu sait comment ; puis un autre en remet
Au même endroit, ainsi que pouvez croire.
A celui ci, par faute de mémoire,
Il mit un bât : l'autre n'en avoit point :
L'Epoux revient, veut s'éclaircir du point,
Voyez, mon fils, dit la bonne commere,
L'âne est témoin de ma fidélité,
Diantre soit fait, dit l'Epoux en colere,
Et du témoin, & de qui l'a bâté.

9 782329 788517